AF232044

DU PRINCIPE
DE L'AUTORITÉ

ET DE SON RÉTABLISSEMENT

EN FRANCE

PAR

G. GRIMAUD DE CAUX

Le droit domine le fait de toute la hauteur
dont l'intelligence domine la matière.

TROISIÈME ÉDITION REVUE ET AUGMENTÉE

PARIS

CHEZ L'AUTEUR, RUE DE MÉZIÈRES, N° 6

Et au bureau de l'Union, rue de la Vrillière, N° 2

ET CHEZ TOUS LES LIBRAIRES DE PARIS ET DE LA PROVINCE

Pendant la publication de l'édition populaire du présent écrit (novembre 1871), un suffrage auguste est venu à l'auteur.

Le 25 janvier, 1872.

Vous désirez, monsieur, connaître mes impressions sur votre remarquable écrit traitant du principe de l'autorité et de son rétablissement en France. Je ne puis que vous féliciter d'avoir eu la pensée de publier de nouveau ces pages si bien appropriées au temps où elles ont paru, et non moins applicables aux événements qui se déroulent encore aujourd'hui sous nos yeux. Les esprits sérieux trouveront dans votre rapide et lumineux exposé sur cette question fondamentale de l'autorité, la solution de leurs doutes et les éléments de leur conviction. Je vous remercie des sentiments dont votre lettre contient l'expression, et je vous renouvelle l'assurance de mon affection.

HENRI.

A M. Grimaud de Caux.

Le respect interdit le commentaire. Mais le lecteur comprendra toute la signification de cette parole royale, donnant les motifs de son approbation dans des termes qui, par leur précision et leur netteté, appellent la méditation de tous.

Notre travail, publié d'abord en 1851, a été accueilli par de nombreux et imposants suffrages. La gratitude nous défend de les laisser dans l'oubli ; mais en signalant leur existence, reproduisons surtout, comme l'expression d'une vérité de fait, les réflexions suivantes, mises en tête de l'édition de 1871 :

« L'événement n'a point démenti la logique.

« La catastrophe finale de 1870-71 en a été une conséquence, portée à des excès qui désormais, dans l'esprit de nos neveux, dépasseront toute croyance.

« Aussi l'auteur n'a-t-il rien eu à changer dans son langage ; et cela explique la nécessité et l'opportunité de l'édition populaire que nous mettons au jour. »

La troisième édition que nous publions maintenant est enrichie de pièces et de documents dont le lecteur appréciera l'importance et l'à-propos.

DU PRINCIPE
DE L'AUTORITÉ

ET DE SON RÉTABLISSEMENT EN FRANCE.

I. — HISTORIQUE.

Les philosophes du dix-huitième siècle ont été les fauteurs immédiats de la révolution.

On croyait à l'autorité, on savait qu'elle vient d'en haut, et, sous l'empire de cette confiance salutaire, la nation s'était élevée au point de grandeur et de puissance où elle était encore quand Louis XVI monta sur le trône (1).

Les philosophes s'écrièrent : « On nous trompe, l'autorité ne vient pas d'en haut. »

L'autorité était l'objet constant du respect des peuples pénétrés de la sublimité de sa mission, ils lui attribuaient une céleste origine. Les philosophes niaient Dieu, ou à peu près ; ils ne pouvaient pas admettre de *droit divin* dans le monde : l'autorité venait donc d'en bas.

La France abusée se mit sous la bannière des philosophes. Elle accepta leur sophisme ; et elle se laissa conduire ainsi, de conséquence en conséquence, au discrédit, au mépris, à la destruction de l'autorité, et, finalement, à ce dernier terme où nous sommes, à la négation du principe de l'autorité lui-même.

A l'autorité de *droit divin* les philosophes décidèrent donc qu'il fallait substituer l'autorité des hommes, et ils donnèrent pour base à cette autorité nouvelle deux abstractions, la *liberté* et *l'égalité*.

Tous les hommes naissent *égaux*, et le sens intime leur dit qu'ils sont *libres* : cela est exactement et rigoureusement vrai. Mais, pour jouir de cette *liberté* et de cette *égalité* dans leur sens littéral et absolu, il faudrait vivre dans l'isolement. Toutes les sociétés, quelque forme qu'elles revêtent, subissent des condi-

---

(1) Nous avions une marine et un territoire dont, malgré les gloires de l'empire, nous restons dépouillés ; et l'expression de notre sympathie suffisait, sous le règne de Louis XVI, pour arracher à l'Angleterre la plus importante de ses colonies.

tions d'ordre : l'ordre exige la subordination et les hiérarchies qui en découlent, c'est-à-dire des supérieurs et des inférieurs : dès lors plus d'égalité dans le sens absolu du mot.

On doit en dire autant de la liberté.

Dans toutes les sociétés il y a des lois qu'il faut respecter : l'on n'est pas libre de faire ce qu'elles défendent. Si j'étais isolé, je ferais à ma guise ; mais aussitôt que je me trouve face à face avec mon semblable, je subis l'empire de ses facultés, ou je le domine en vertu des miennes : à quoi il convient d'ajouter que, si nous voulons marcher ensemble vers un but commun, notre liberté respective est immédiatement enchaînée par les conditions que nous impose la nature même de ce but.

Tout ceci est mathématique.

Les philosophes le savaient, mais ils s'en turent. Le nom de la *liberté* fut sans cesse à leur bouche ; leurs successeurs l'écrivirent en tête de toutes leurs œuvres. Dans la première constitution comme dans celles qui suivirent, le mot sacramentel fut inscrit à chaque page, à chaque ligne. Quant à la chose, personne n'en jouit. Le chef de l'Etat, celui-là même qui devait être le plus libre, y perdit le trône et puis la vie ; et la plupart de ceux qui l'entouraient, amis ou ennemis, eurent un pareil sort.

On disait alors au peuple : *Il faut du sang pour fonder la liberté.* Le sang fut versé par torrents, et celui du peuple, au nom duquel tout se faisait alors, ne fut point épargné (1). Mais la li-

---

(1) C'est surtout le peuple laborieux et honnête qui alimenta le travail de la guillotine.

Prud'homme, un ami de Danton, avait entrepris le dépouillement du procès de tous les malheureux envoyés à la mort par les tribunaux révolutionnaires ; mais il ne poussa son travail que jusqu'à douze mille dossiers.

Voici, rangés par catégories, les contingents que sur douze mille victimes, quinze classes de la société fournirent au bourreau :

Paysans, laboureurs, garçons de charrue.	3,891
Maçons, charrons, charpentiers.	2,212
Bourgeois, petits rentiers.	1,273
Prêtres, religieux.	767
Soldats.	715
Femmes, filles, servantes, couturières.	718
Nobles, émigrés.	639
Avocats, procureurs, notaires, huissiers.	585
Fabricants, négociants, commis.	539
Domestiques, cabaretiers, marchands de vin.	156
A reporter.	11,495

berté ne se vit nulle part, ni dans la Convention avec ses tribunes, ni sous le Directoire, ni sous le Consulat, ni sous l'Empire. Singulière dèstinée! les inventeurs de la liberté n'en jouirent point, et il ne fut donné à personne après eux de jouir de leur découverte.

A l'heure qu'il est, la substitution d'un principe à l'autre a été deux fois essayée, et deux fois elle a conduit la France aux bords de l'abîme.

La première fois elle s'introduisit à la suite des états généraux dans l'Assemblée nationale. Elle s'intronisa sous la Convention, qui crut qu'après avoir immolé Louis XVI il ne devait rester plus rien de son principe; comme si les principes s'éteignaient avec la vie des hommes qui en sont les représentants.

Alors aux deux abstractions de la liberté et de l'égalité on en adjoignit une troisième. On voulut persuader au peuple qu'il était LE SOUVERAIN, et l'on inventa le mot de *souveraineté populaire.*

Mensonge et illusion.

Mensonge : il n'y a point de souveraineté là où il y a dépendance et infériorité de position. Quelle est la forme sociale où le peuple soit rigoureusement indépendant?...

Illusion; car, en vertu de sa souveraineté, le peuple eut à supporter en quelques mois plus de tyrannies et de sévices qu'il n'en avait enduré précédemment durant une période de plusieurs siècles.

Cette première épreuve du nouveau principe fut courte et violente, mais suivie de résultats si funestes et tellement ruineux qu'il fallut renoncer à la continuer; et ce ne fut pas le *droit divin* qui vint prendre la place, ce fut un autre droit non moins absolu, le droit purement matériel *de la force.*

Or la force n'a qu'un temps, encore qu'elle soit aux mains du

Report.	11,495
Médecins, chirurgiens.	76
Instituteurs.	49
Hommes de lettres.	46
Comédiens.	21
Total.	11,687

Comme on le voit, les paysans, les ouvriers, les petits rentiers occupent le premier rang dans cette liste funèbre; les prêtres n'y viennent qu'au quatrième, et les nobles qu'au septième.

génie; car la force brise les obstacles, elle ne soumet pas les volontés.

L'heure de la retraite sonna donc pour la force... Que faire?... On chercha le secret du gouvernement dans une combinaison hybride où l'autorité dériva à la fois du peuple et du souverain.

Il y avait dix-huit cents ans que Tacite avait formulé la même théorie en ces termes : *Cunctas nationes et urbes populus aut primores aut singuli regunt; delecta ex iis et consociata reipublicæ forma laudari facilius quam evenire* « Les nations et les villes sont gou- « vernées, soit par le peuple, soit par les grands, soit par un seul. « Un choix dans chacun de ces éléments et leur association cons- « tituerait une forme de république plus facile à louer qu'à réa- « liser. » Mais Tacite connaissait les passions humaines, et non content d'avoir formulé cette théorie avec tant de réserve, *laudari facilius*, il se hâtait de la condamner en ajoutant : *Vel si evenit, haud diuturna esse potest* « Si elle se réalise, elle ne peut « pas être de longue durée. »

L'autorité venue d'en haut fut attribuée au roi, et, par délégation du roi, à la chambre des pairs.

L'autre fut le partage de la chambre des députés, qui se recrutait dans la nation par le suffrage; et elle fut aussi, dans une certaine mesure, le partage de ces citoyens éclairés dont les idées étaient accueillies ou les griefs redressés en vertu de l'exercice régulier de la liberté de la presse ou du droit de pétition.

Après tout, c'était une théorie séduisante, et l'opinion de Tacite pouvait bien être surannée, d'autant plus que, dans un pays voisin, cette théorie avait reçu une espèce de sanction du temps, sanction douteuse toutefois, puisqu'elle n'a pas été sans recevoir de graves atteintes, quoiqu'elle n'ait pas encore subi l'épreuve de deux siècles.

Quelles furent, en France, les conséquences de l'application?

L'antagonisme des deux origines ne tarda point à se manifester. L'autorité populaire ne trouva point sa part assez large. Au droit de voter l'impôt qui lui était exclusif et d'une efficacité irrésistible, elle voulut joindre le droit de proposer des lois à l'égal du roi, dont c'était là le plus précieux et dont ce devait rester le plus inviolable attribut.

Le combat fut long, ardent, acharné. Il se termina par l'abdication du souverain, qui, après avoir cédé devant la force brutale, s'en alla porter sur la terre étrangère, avec la dignité de la vieillesse et le sentiment de sa propre grandeur, la majesté de ses convictions dans toute leur plénitude.

Le principe qui venait de triompher resta quelques jours en présence de lui-même, fortement alléché par l'ambition de se constituer unique et absolu. Ses représentants n'osèrent pas; ils se contentèrent de reviser, bien à la hâte et sans contrôle, la constitution de Louis XVIII, en y insérant le droit d'initiative; et, cela fait, ils allèrent se chercher un nouveau roi auquel ils dirent: *Jurez et régnez.*

On appela la nouvelle forme non pas une *démocratie royale* ou une *monarchie démocratique*, comme on avait dit de la constitution de Louis XVI, mais la *meilleure des républiques*, une *monarchie entourée d'institutions républicaines.*

Régner sans gouverner, comme en Angleterre, c'était une fiction qui n'est ni dans le génie, ni dans les mœurs, ni dans le sol de la France. La lutte s'engagea pour conquérir une royauté moins chimérique.

La chambre des pairs (les *primores* de Tacite) avait été laissée dans la constitution; la rapidité obligée avec laquelle on expédia cette dernière, et des raisons impérieuses de circonstance ne permirent pas de déterminer immédiatement ses conditions nouvelles. Le roi élu demanda que l'on conservât à cette chambre l'hérédité, c'est-à-dire la condition réelle de son indépendance. Désirs impuissants, efforts inutiles! la chambre perdit son hérédité.

Dès ce moment on put prédire que le principe qui avait vaincu en 1830 obtiendrait tôt ou tard un nouveau triomphe. Et en effet, après des luttes de diverse nature et de chaque jour, l'autorité se trouva tout à coup anéantie, et si complétement, qu'à un moment donné le roi se vit obligé de se retirer sans combattre.

Sa retraite et le bouleversement qui s'ensuivit prirent le nom de *journées de février.* Les esprits étaient tellement exaltés que les rigueurs de la saison n'avaient point été un obstacle.

Voilà donc tout antagonisme détruit et l'autorité populaire délivrée d'opposition et de contrôle.

Que se passa-t-il alors dans les régions du pouvoir? Le scandale des révélations ne cesse pas de fatiguer l'attention publique. La confusion, les excès, les douleurs et les hontes suivirent la mêlée. La société fut bouleversée jusque dans ses fondements, hommes et choses. L'exception était devenue la règle, et maintenant encore la règle est dans l'exception. La société se vit forcée d'obéir à mille maîtres, de respecter le désordre organisé, comme une situation régulière, de coopérer même, avec ses propres ressources, à la destruction des grands principes sur lesquels elle reposa de tout temps : le principe de la propriété et le principe de la famille. Les instincts et les penchants, les intérêts matériels et les intérêts moraux réclamaient la conservation du principe du pouvoir souverain dans le chef de la nation ; la volonté de la nation fut reniée ; et, tout en lui promettant de la consulter, on lui imposa la forme de gouvernement pour laquelle elle avait le moins de goût, et qui, de tout temps, avait provoqué son aversion la plus manifeste et ses craintes les mieux fondées.

Quant à la liberté, six mois ne s'étaient pas écoulés, et il fallait constituer une dictature absolue, organiser légalement la compression militaire, livrer contre les fondateurs les plus intrépides du nouvel ordre de choses, dans les rues de la capitale, la bataille la plus meurtrière dont les annales du monde aient fait mention, voir tomber dix généraux, faire périr par le fer et par le feu des milliers d'insurgés, enchaîner enfin et déporter ceux qui avaient pu survivre.

Chose inouïe ! c'était pendant l'exercice de cette dictature et au milieu du fracas du canon que se délibéraient les articles de la constitution nouvelle. Quelle situation pour des législateurs obligés de réglementer une forme de gouvernement dont la simple apparition avait conduit le pays à de pareils désastres !

II. — SITUATION PRÉSENTE.

Voilà donc l'état actuel de la France. Il n'y a plus de souverain, c'est le peuple qui est LE SOUVERAIN ; c'est du moins ce que, pour la deuxième fois en cinquante ans, on a voulu lui faire croire. Mais on ne l'a point convaincu, car son premier acte a consisté à se donner pour chef un héritier du plus grand adversaire de la souveraineté populaire, de celui-là même qui, pendant quinze ans, marcha, l'épée au poing, à la tête des destinées de la patrie.

Cette élection d'un prince impérial portant le nom de Napoléon est en effet le seul acte dans lequel la nation ait exprimé pour la première fois sa volonté spontanée, indépendante et ferme.

L'élection des membres de l'Assemblée nationale constituante, résultat de la première application du suffrage universel, avait été violentée et surprise : violentée par les commissaires révolutionnaires, surprise par ces listes envoyées de Paris aux clubs des départements et de tous les chefs-lieux d'élection.

L'Assemblée nationale avait pour mission de déterminer la forme du gouvernement. Au lieu de discuter cette forme, elle l'*acclama ;* la discussion n'eût pas donné gain de cause au principe. Les républicains tranchaient ainsi le nœud à la façon du fils de Philippe.

Mais il n'y avait parmi eux aucun Alexandre pour en imposer à l'oracle. Ils avaient rédigé la constitution, leur constitution ; ils l'avaient fait sanctionner par l'Assemblée, au milieu des horreurs de la guerre civile ; ils s'étaient entourés de formes mythologiques pour la présenter à l'adoration du peuple en lui disant : *Voilà ta loi.* Ils avaient envoyé partout des précurseurs pour faire des adeptes, et, au besoin, forcer les convictions!... Et voilà qu'au moment solennel, le peuple repousse du pied ces prétendus artisans de son bonheur : il refuse son suffrage à leur candidat, malgré les gages que celui-ci venait de donner à l'ordre en foudroyant l'insurrection, lui qui devait son élévation à l'insurrection précédente ; et il comble de six millions de votes un exilé qu'une loi d'exception toute spéciale repoussait naguère du sol de la France.

La nation ne disait-elle pas ainsi aux fauteurs de la république : *Éloignez-vous de moi, je vous repousse,* et à l'Assemblée : *Je vous désavoue et je m'abrite contre vous sous un drapeau que vous n'aimez pas.*

Le gouvernement de la France n'est donc que toléré : est-il possible que la France s'y plie et le conserve? Ceux qui le subissent répondent *non.*

Le scrutin n'a pas été ouvert ; on n'a pas appelé chacun à venir dire, selon son goût : *Moi, je veux la république. — Moi, je ne la veux pas.* On n'a point fait de la question une question de majorité. Le gouvernement actuel s'est imposé. A un moment donné, des hommes armés de fusils envahirent la chambre des députés, chassèrent son président, firent fuir le roi et ses ministres. Puis, quelques-uns de ces hommes s'écrièrent : *C'est nous qui sommes le gouvernement. — Pourquoi donc vous plutôt que nous?* demandèrent des camarades.

A cette question embarrassante, les premiers occupants répondirent aux plus faibles « Par la raison du plus fort » ; et aux plus décidés ils dirent : « Entendons-nous. » L'accord fait, on vint saluer Paris, et la France, et l'Europe…; *urbem et orbem,* en lui criant du haut du perron de l'hôtel de ville ces mots sacramentels : *La république est proclamée!* et depuis ce moment la France est en république. Un pouvoir né de cette façon est peu fait, on en conviendra, pour s'attirer des sympathies nationales.

Quoi qu'il en soit, la république est proclamée, et il s'agit de mettre à sa tête un président. La nation n'élit pas le général Cavaignac, républicain-né, républicain convaincu, républicain conservateur ; la nation élit Louis-Napoléon, malgré Strasbourg et malgré Boulogne, parce qu'il s'appelle Napoléon : élection providentielle au surplus, qui prouve, comme l'a si bien dit M. de Falloux, que la Providence n'a guère fait autre chose, depuis trois ans, que de la politique.

Après l'élection du président vient l'élection des membres de l'Assemblée, et la nation jette dans la minorité les républicains fondateurs ; elle repousse même complétement quelques-uns des plus remarquables, au nombre desquels il faut compter le rédacteur de la constitution, quoiqu'il eût présidé, non sans mérite, pendant plusieurs mois, les travaux de l'Assemblée précédente.

Ces expressions réitérées des véritables sentiments du pays touchant la république sont très-significatives à coup sûr.

Après cela, que dire de la restauration du trône pontifical, du rétablissement du pape dans la plénitude de sa puissance, du pape le représentant du *droit divin* dans sa pureté, la personnification du seul vrai principe de toute autorité dans le monde?... Que dire d'une semblable restauration accomplie par l'armée française aux applaudissements de la France entière?... Non, la fille aînée de l'Église n'a point renié sa mère.

Ayons donc des yeux pour voir et des oreilles pour entendre. De pareils faits accomplis coup sur coup ne démontrent-ils pas clairement que la nation ne s'habitue point à la république et qu'elle n'a jamais été disposée à la conserver ?

Telle est la situation présente.

III. — PRINCIPES.

Le principe avoué de la république, c'est le suffrage universel. Quelle est la valeur de cette légitimité d'espèce nouvelle?

Cette légitimité consiste à dire au peuple qu'il est le souverain.

J'en demande pardon au peuple; mais ceux qui ont essayé de lui persuader pareille chose ont abusé de son ignorance, caressé son orgueil, et se sont rendus coupables de la flatterie la plus criminelle.

Ils lui ont dit ceci : « Tu viendras, tous les quatre ans, jeter « dans l'urne du scrutin le nom d'un inconnu. Après ce grand « acte, ta misère sera moins grande, la sueur de ton front moins « abondante et ton pain de chaque jour moins amer. »

Dérision cruelle et impie; car outre qu'il est écrit : *In sudore vultûs tui vesceris pane*, la souveraineté n'a, au fond, pour le peuple aucune valeur.

Il y a plus, il est impossible que le peuple l'exerce avec une indépendance réelle.

Si le peuple est bon et d'humeur pacifique, il dépendra du méchant et du querelleur qui viendra, la menace à la bouche, lui imposer un candidat vendu à l'anarchie.

S'il est pauvre et besoigneux, il sera à la merci de tout riche intrigant qui voudra le séduire par des largesses momentanées.

Enfin, s'il est ignorant, il se laissera entraîner par les discours perfides du moindre rhéteur qui emploiera son esprit captieux à lui dérober ses suffrages.

Est-ce donc là le souverain?

Mais, de nos jours, quand on dit le peuple on dit la nation, attendu qu'il n'y a plus de distinctions sociales.

Cependant, quelle que soit la forme de la société, il y aura toujours, quoi qu'on puisse faire, deux grandes divisions. Nous connaissons le nom de l'une : *c'est la classe la plus nombreuse et la plus pauvre*, dans laquelle se range naturellement cette portion que M. Thiers a appelée *la vile multitude*, que Tacite avant lui désignait sous les mots de *plebs sordida*, « population dont l'audace « turbulente ne redoute que la force » *quod civium audacia turbidum nisi vim metuat.*

Appelez l'autre classe comme vous voudrez; puis considérez avec le sens commun, avec l'expérience de tous les temps et de tous les pays, avec la force des choses, que l'ignorance, la faiblesse d'esprit et la pauvreté sont des conditions absolues d'infériorité et de dépendance; considérez ensuite que les votes se comptent et que c'est un chiffre qui donne le pouvoir. Considérez, d'un autre côté, que *la classe la plus nombreuse et la plus pauvre* aura toujours la majorité (la plus nombreuse, les mots disent la chose), et concluez...

Il est absurde de vouloir que ce qu'il y a de plus élevé tire sa source de ce qu'il y a de plus infime; que celui qui commande et celui qui obéit ne soient qu'un; que la classe la plus essentiellement dépendante serve de base au principe de l'autorité, et que les destinées du pays soient follement livrées à son ignorance et à ses caprices. Non, jamais il ne fut fait d'insulte plus sanglante au bon sens d'une nation.

Cela se voit ailleurs et réussit très-bien, dit-on. Si l'on parle des anciens temps, si l'on veut parler de Rome et de la Grèce, je dirai qu'on est dans l'erreur. Et si l'on fait allusion à l'époque actuelle, à la république des États-Unis, je dirai : *Tant pis;* et je ne manquerai pas de raisons pour justifier mon dire.

Voulez-vous savoir où est pour le peuple, où est pour chacun, petit ou grand, la vraie souveraineté, la souveraineté inaliénable et imprescriptible? Rappelez-vous le mot du charbonnier : *Dans ma cabane je suis roi.*

En dehors de la cabane, toute souveraineté populaire est une illusion, une dérision, un mensonge. Et quand vous en faites sortir le charbonnier pour l'entraîner ailleurs, c'est un piége, un guet-apens que vous lui tendez; c'est un vol que vous lui faites; vous ne lui reconnaissez de droit que pour l'en dépouiller en l'entraînant à l'exercer hors de chez lui sur des questions, des hommes et des choses qui lui sont complétement étrangers et qu'il ne pourra jamais apprécier justement : c'est le fabuliste romain qui l'a dit : *Ne sutor ultrà crepidam.*

Oh! si la république eût été comme le soleil; si ses bienfaits eussent été aussi évidents que la lumière; si les souvenirs de l'ancienne Rome et de la Grèce eussent démontré que le bonheur des peuples est tout entier dans cette forme de gouvernement, les républicains n'eussent pas fait alliance avec les socialistes; ils n'eussent point, à l'imitation des séditieux de tous les temps, appelé à eux les compagnons de Catilina et caressé les passions ardentes et criminelles de la multitude.

Le suffrage universel n'est donc pas une base sérieuse pour un gouvernement, et la souveraineté populaire n'est qu'un mot.

L'autorité ne vient pas d'en bas. L'autorité véritable, légitime, est toujours venue d'en haut. Dans le corps, c'est la tête qui dirige les membres; dans la société, c'est la raison qui conduit l'homme; dans l'univers, c'est Dieu qui gouverne tout.

Il n'y a là rien de théorique, rien de supposé, rien de contestable. Nier Dieu et sa providence en présence des événements de ce monde et de l'ordre de l'univers, c'est faire preuve de folie ou d'aveuglement, quand la négation est sérieuse, d'esprit léger et sans consistance quand cette négation dérive d'un respect mal compris pour certains préjugés ou d'une fidélité imprudente à des opinions admises sans examen.

L'autorité vient donc d'en haut, et il n'y a qu'un seul droit au monde, le *droit divin* (1). Avant que le raisonnement amenât les hommes à le reconnaître, une impulsion intérieure, une véritable inspiration le leur avait fait proclamer. Il n'y a pas une seule nation qui ne se rattache par ses fondateurs à un dieu quelconque. Celle qui transmit aux autres les premiers éléments de la civilisation, cette nation dont les monuments gigantesques excitent encore aujourd'hui notre étonnement, l'Egypte était sous l'empire immédiat du droit divin le plus absolu. C'était une exagération et un abus; car la raison aussi est de droit divin; et elle a été donnée à l'homme, non pour nier les premiers principes, mais pour les affirmer, pour en tirer des conséquences légitimes et en faire une utile application.

Aujourd'hui, c'est tout le contraire. Nous n'avons point de prêtres d'Isis, et les gouvernements cherchent la vie d'une façon presque exclusive dans le raisonnement et la discussion, comme si la discussion immodérée n'était pas le dissolvant naturel et infaillible de toute autorité. Ceux qui n'ont pas le pouvoir en main, les ambitieux qui le poursuivent à travers la sédition et la guerre civile, disent le contraire. La discussion, c'est le progrès, et c'est en arborant cette bannière du progrès qu'ils fondent sur le pouvoir, qu'ils le discutent, qu'en le discutant ils le dissolvent, et qu'après l'avoir dissous ils s'en emparent. Mais on sait comment ils en usent aussitôt qu'ils le possèdent, et comment ils se comportent avec lui, toujours au nom du progrès. La France en a fait plusieurs fois l'expérience; et chaque fois elle s'est vue plongée dans le deuil et ensevelie sous des ruines.

Non, ce n'est pas un progrès que de méconnaître les principes; méconnaître les principes, ce n'est ni plus ni moins que prétendre changer la nature des choses, obscurcir l'évidence, réfuter

(1) A ceux qui demandent s'il y a un *droit divin* dans le monde il faut répondre avec l'humble paysan des campagnes : « Voyez l'oiseau qui chante, « le soleil qui dore les moissons, le grain qui germe, l'herbe qui pousse, la « fleur qui s'épanouit, et osez dire que *non*. » Cette question appliquée au monde physique se résout par l'évidence.

En serait-il autrement pour le monde moral? .... Le doigt de Dieu est partout.

des axiomes et s'efforcer, pour ainsi dire, de couvrir la terre d'un vaste écran pour empêcher la lumière du soleil d'arriver jusqu'à elle.

Un philosophe niait le mouvement au nom de la raison. Un autre philosophe, au nom de la raison aussi, démontrait que nous n'avions ni yeux, ni oreilles, et que nos cinq sens ne nous fournissaient que des illusions. Aujourd'hui il nous en vient de nouveaux qui veulent nous démontrer logiquement, et toujours au nom du progrès, qu'il ne doit y avoir ni propriété ni famille; ces philosophes pratiquent la nation; ils font des adeptes et même des séides, et ils descendront dans la rue pour ramener par la force les propriétaires à leur sentiment, et pour prêcher à nos enfants l'abolition de l'autorité paternelle. O révolte de Spartacus! ô guerres servile et sociale! ô sédition des Gracques! que vous êtes loin de nous!...

Le mal actuel est le résultat du rationalisme, le fruit de l'orgueil humain s'exaltant dans la contemplation de soi-même et de ses propres œuvres. En critiquant des abus plus ou moins réels, le rationalisme a détruit des vérités incontestables et dont la croyance est indispensable à l'humanité; et qu'a-t-il mis à la place? C'est M. Cousin qui va nous l'apprendre.

« Il est de toute évidence », dit ce rationaliste en parlant des systèmes de philosophie légués par le dix-septième et le dix-huitième siècle, « que nul de ces systèmes n'est absolument vrai, « puisqu'il a cessé d'être, à l'encontre de la vérité absolue qui, « *si elle paraissait*, éclairerait, rallierait, soumettrait toutes les « intelligences. Il n'y a pas un de ces systèmes sur lesquels n'ait « passé une polémique accablante. Il n'y en a pas un qui ne soit « percé à jour, en quelque sorte, *atteint et convaincu d'intolérables* « *extravagances*. Qu'il se présente quelqu'un de ces principes qui, « dans le temps, ont séduit tant de bons esprits, il n'y a personne « aujourd'hui qui, à l'instant même, n'impose à ce principe la « longue série de conséquences qu'il a successivement produites « et qui l'ont trahi et décrié. » (Voyez *Manuel d'histoire de la philosophie*, etc. Préface.)

M. Cousin jetait alors les fondements d'un nouveau système, *l'éclectisme*. Sur la parole du maître, les professeurs sortis de l'école normale arborèrent le drapeau de l'éclectisme au sein même de l'université, *au nom de la civilisation moderne qui ne peut pas reculer* (Cousin, même préface); et la destruction de toute foi, les angoisses de l'âme, le doute désespérant, l'abandonnement de l'esprit, tels sont les fruits recueillis par la génération qu'ils ont formée.

Les inspirations légitimes de la raison enseignent d'autres principes.

Il en est des sociétés comme de tous les êtres de la nature. Chaque être a ses conditions d'existence en dehors desquelles la vie serait impossible. Pour les sociétés, la condition première, c'est la stabilité, qu'il ne faut point confondre avec l'immobilité et l'inertie.

Cette condition de la stabilité a paru tellement essentielle que, pour se la garantir, tous les peuples ont admis le grand principe de la prescription, dont la puissance s'étend jusqu'à consacrer les fruits des actions les plus criminelles.

Un crime est commis, les interprètes de la justice n'ont pas pu en découvrir l'auteur : un temps déterminé s'écoule, le coupable se révèle, mais la justice est désarmée par la prescription.

Une dette est contractée, les titres sont perdus, le temps se passe sans qu'on la réclame, et la dette s'annule en vertu de la même loi : *possession vaut titre*.

Eh bien, la raison veut que ce qui s'applique à l'homme s'applique aussi aux sociétés sous la protection desquelles il s'est mis ; c'est-à-dire que, quand on voit une forme de gouvernement consacrée par les siècles, par le développement régulier de la nation, par l'agrandissement du territoire, par un libre essor donné à l'esprit humain, par des progrès accomplis dans les lettres, dans les sciences, dans les arts, *possession vaut titre ;* un pareil gouvernement est légitime, on n'a pas le droit de le renverser ; la grande loi du salut public s'y oppose ; et si le peuple, abusé par de faux prophètes, se laisse entraîner à des nouveautés coupables, il ne tarde point à expier dans le sang et dans les larmes son mépris de l'expérience et sa folle témérité. Il a violé le dépôt, il a dissipé l'héritage ; tôt ou tard il portera la peine de son double crime, car les générations sont solidaires, et les éléments de prospérité que l'une transmet à l'autre, celle-ci n'a pas le droit de les sacrifier à ses caprices et de les anéantir au détriment de la génération qui doit lui succéder.

La légitimité résulte de la durée et de la prescription, qui font ressortir le principe de stabilité et permettent aux bons gouvernements de travailler avec succès au bonheur du pays (1).

(1) Quant à la légitimité, si dans son principe elle a pu sembler ambiguë,

Ceux qui ont dit que la légitimité n'était qu'un fait plus ancien que les autres, mais un fait seulement, sont tombés dans une grande erreur. Si cette erreur était consacrée, elle aurait pour conséquence le renversement de tout ce que le grand principe de la prescription a fondé dans le cours des siècles, c'est-à-dire le bouleversement social organisé.

La république de 1789, Convention et Directoire, l'établissement du consulat, la fondation de l'empire, la restauration de 1814, les cent-jours, la restauration de 1815, l'établissement de 1830, la république de 1848 sont autant de faits qui, logiquement, auraient un droit égal à régler les destinées de la France.

La durée prouve aussi que les bons gouvernements ont pour eux le droit divin; s'ils durent, c'est qu'ils sont protégés d'en haut. Jésus-Christ reconnaissait le droit divin dans Pilate lorsqu'il lui disait : *Non haberes potestatem adversum meullam, nisi tibi datum esset desuper* (S. Jean **Ev.**, 19, 11). Qu'était Pilate? Le délégué d'un gouvernement légitimé par la prescription et toutes ses conséquences. Les chrétiens n'ont jamais varié dans cette doctrine. Plus tard, saint Paul disait à ses coreligionnaires de Rome, dont quelques-uns sans doute faisaient les récalcitrants envers un gouvernement qui ne reconnaissait pas leur Dieu, le vrai Dieu : *Omnis anima sublimioribus potestatibus subdita sit : non est enim potestas nisi a Deo. Qui resistit potestati dei ordinationi resistit* « Que tout le monde se soumette à l'autorité établie, car il n'y a « point de véritable autorité qui ne vienne de Dieu. Celui qui « résiste à l'autorité résiste aux ordres de Dieu. » Du temps de Jésus-Christ et du temps de saint Paul, le gouvernement romain était donc un gouvernement légitime, un gouvernement de droit divin. Notez bien que c'est la doctrine des théologiens, qu'ils n'en ont jamais eu d'autre, et que les philosophes qui ont dit le contraire et les écrivains qui les continuent sont des imposteurs.

Voilà les vrais principes. Les conséquences sont d'autant plus faciles à tirer que, depuis l'interruption de la légitimité et la négation du droit divin, aucun gouvernement en France n'a eu de durée, aucun par conséquent n'a réuni en lui-même l'élément véritable d'un bon gouvernement, la stabilité et la prescription.

La légende ne mentira pas; *Dieu protége la France*, car il lui a

Dieu s'explique par son premier ministre au département de ce monde, le temps.

(J. DE MAISTRE, *Principe générateur*.)

conservé à travers toutes ses vicissitudes l'héritier direct et légitime de ses soixante rois.

IV. — RÉTABLISSEMENT DE L'AUTORITÉ.

Les épreuves qu'a subies en France le gouvernement représentatif sous trois formes diverses ne lui ont pas été favorables. Le gouvernement de la place publique n'est pas dans nos mœurs.

On dit qu'il faut sacrifier au temps, et avec ce prétexte on s'efforce de faire céder les principes pour les mettre sous le joug des faits accomplis. Les faits, toujours les faits que chacun interprète à sa manière; les faits sont transitoires, ce ne sont pas les faits qui gouvernent le monde, ce sont les principes.

Etudiez la question pour la question, étudiez-la en toute conscience pour la connaître, pour l'apprécier au point de vue du bon sens, de la raison et de l'unique bien de la société et de la patrie, et vous serez forcé de convenir qu'en pratiquant de semblables théories on conduirait la France à de nouveaux abîmes.

Ceci ne veut pas dire qu'il faut supprimer la représentation; bien au contraire, ceci veut dire seulement qu'il faut la régler et en modifier l'action de telle sorte que, tout en lui donnant la base la plus large qu'elle comporte, tout en lui donnant pour base *le suffrage universel,* on lui assure l'efficacité la plus grande.

On ne doit pas prétendre entourer l'autorité d'institutions analogues à celles qui ont fait une si triste fin. Si l'autorité devait se produire encore avec un accompagnement quelconque du principe révolutionnaire, ce serait un signe certain que la Providence n'a pas encore pris la France en pitié. L'enseignement est complet : chaque fois que l'autorité a été discutée, elle a été ruinée.

L'autorité devant découler de sa véritable source et venir d'en haut, c'est-à-dire de Dieu, on doit vouloir franchement, nettement et dans toute sa plénitude LE ROI; on doit, en un mot, invoquer hautement pour lui le *droit divin* (1), proclamer sa vérité et son excellence, absolument, résolûment, sans hésitation, sans ambiguïté, sans détour, avec sincérité, avec confiance. La

(1) Nous avons expliqué précédemment ce qu'est pour nous *ce droit divin.* Il n'a rien de commun avec les exagérations ridicules que des déclamateurs ignorants et des écrivains de mauvaise foi entassent sous cette expression.

France a un bon sens égal à son bon goût que personne ne lui conteste; les séductions que les sophistes exercent sur son esprit ne sont jamais que passagères. Elle a toujours marché à la tête des peuples, et l'histoire de ses rois de droit divin est la plus longue et la plus glorieuse histoire du monde moderne. Ayons donc confiance dans la raison et le génie de la France; le droit divin, c'est son droit, son droit réel et actuel, car le droit divin est le droit par excellence, le droit *parent* de tous les droits, celui qui enfante et légitime tous les autres.

Seuls en ce monde les tyrans sans foi et sans religion (et il n'y a pas de ces tyrans que parmi les rois) ont logiquement le droit de rapporter tout à eux. Ne voyant rien au-dessus de leur puissance, quand ils ont la force ils ont tout; et les cris des opprimés, les souffrances des victimes ne font naître dans leur conscience ni scrupule ni remords. Le roi de droit divin, plus que tout autre, est forcé de gouverner avec sagesse et dans l'intérêt unique de son pays. C'est sa condition, c'est sa nature, c'est l'essence de son autorité, car il doit compte au roi des rois du bonheur du peuple.

Or c'est dans ce point pratique et essentiel, dans cette nécessité où est le roi de connaître avec certitude, d'apprécier exactement les besoins, les vœux et les désirs de tous, que la représentation nationale trouve sa raison d'être. On comprend dès lors combien il faut que cette représentation soit sérieuse et pourquoi il est essentiel que là où la froide raison doit seule dominer, ce ne soit pas le caprice et les mauvaises passions qui décident.

Cela posé, voici ce que demandent les nécessités actuelles.

Il faut :

1° Réprimer les excès de la centralisation ;

2° Renouer dans les diverses classes le lien social que les révolutions ont brisé.

La *centralisation* a rendu le pouvoir mécanique; elle en a fait une espèce de clavier à chaque touche duquel répond un préfet. Le jeu de ce clavier, flanqué du principe de la souveraineté populaire, explique toutes les subversions amenées par les passions publiques, ainsi que l'apparition de ces phénomènes de 1815, de 1830 et de 1848, dont l'explosion a dérouté les plus grands politiques et mis la civilisation européenne à deux doigts de sa perte.

On réprimera cet abus, contre lequel l'opinion publique elle-même fait effort, en ajoutant à l'échelle administrative un nouveau degré, la division par provinces.

Le *lien social* doit commencer dans la commune; et c'est avec le sentiment de la moralité et avec une entente meilleure et plus pratique des droits et des intérêts individuels qu'il faut le former.

Établir un registre des citoyens, véritable livre d'or de la commune, dans lequel seront inscrits tous ceux qui, ayant atteint la majorité et étant domiciliés, ne seront actuellement l'objet d'aucune poursuite ou n'auront point encouru de peine correctionnelle; et donner aux citoyens portés sur ce registre les droits politiques : voilà pour la moralité.

Classer les professions selon leurs spécialités; autoriser leurs membres à se réunir et à traiter en commun de leurs intérêts professionnels, sous la présidence élective de l'un d'eux, à la seule condition qu'il sera toujours un citoyen : voilà pour les intérêts individuels. Ce lien de la profession, au surplus, est tout à fait naturel, et c'est son absence, instinctivement regrettée, qui forme aujourd'hui l'appui principal et peut-être le seul des systèmes socialistes.

Le lien social reformé, le grand vice de la centralisation réprimé ou du moins singulièrement amoindri, il faut régler les conditions de la représentation nationale. Ces conditions sont qu'elle soit fondée sur les bases les plus larges, et qu'on la retrouve partout groupée autour du pouvoir, à tous les degrés, pour la faire concourir efficacement et constamment avec lui au bien-être et à la prospérité de la patrie.

Ainsi, autour du roi, deux chambres, dont une élective; autour du chef de chaque division administrative, province, département, arrondissement et commune, un conseil permanent et dérivant aussi, trois parties sur quatre, de l'élection.

A tous les citoyens sans exception, le droit de vote pour élire les membres de la chambre élective aussi bien que ceux des divers conseils de la commune, de l'arrondissement, du département et de la province.

Pour composer la chambre et les conseils, on tire par quarts les membres : 1° un quart de l'élection par les propriétaires fonciers; 2° un quart aussi de l'élection par les capacités; 3° un quart de l'élection par tous les citoyens non propriétaires et non classés parmi les capacités; 4° enfin, le quatrième et dernier quart du choix laissé au souverain.

Dans les chambres, au roi seul appartiendrait l'initiative des lois ; dans les conseils, au contraire, toute liberté et toute latitude seraient données à l'initiative des membres pour exposer des vœux, exprimer des désirs, formuler des besoins.

Ainsi la France serait largement, complétement et surtout loyalement représentée ; le roi serait en position de connaître et d'apprécier avec exactitude les nécessités de la patrie et d'y pourvoir, sans que le grand principe de l'autorité fût compromis.

Nous avons dit qu'une chambre seulement serait élective ; l'autre serait inamovible et héréditaire, et le roi seul y nommerait.

La nécessité de l'existence de cette dernière chambre résulte de considérations de l'ordre le plus élevé. Nous exposerons seulement les suivantes :

Une chambre unique, dont les trois quarts des membres sont donnés par l'élection, représenterait trop exclusivement la puissance du nombre, puissance aveugle jusqu'aux excès, *civium ardor prava jubentium*. Vouloir que l'autorité suprême ne comptât qu'avec cette puissance, ce serait lui faire renier les forces morales de la nation, ses véritables forces vives, celles dont le libre exercice importe le plus au développement de sa prospérité et de sa grandeur.

Au nombre de ces forces il faut compter la noblesse, qui est le signe représentatif d'une valeur impérissable, l'héritage des souvenirs, le fondement de l'histoire des peuples, la raison véritable de leur vie dans la postérité. Il n'y a que les grandes nations qui laissent de grands souvenirs, et les grandes nations ne sont telles que par les grands hommes qu'elles produisent.

Le génie aussi est une force vive d'autant plus réelle qu'il peut à lui seul créer toutes les autres. Le génie forme le plus bel attribut de l'humanité : c'est sur lui, c'est sur sa face que le Créateur a imprimé sa propre image et manifesté sa ressemblance.

Ces forces hors de ligne par leur sublimité doivent entourer constamment le pouvoir ; c'est] pour elles, comme pour toutes les autres de la même nature, qu'il faut créer une chambre héréditaire et élever comme un panthéon vivant aux gloires nationales contemporaines.

CONCLUSION.

Les principes sont éternels : le royaume du monde est à eux.

Tant que la Providence tiendra sa main rectrice étendue sur cet univers, le génie du bien l'emportera sur le génie du mal. Toutefois la Providence ne vient en aide qu'à ceux qui savent profiter de ses bienfaits; et c'est pour nous rendre aptes à les mériter qu'elle nous a doués de la raison et du libre arbitre.

Dans la situation actuelle de la France il y a deux problèmes.

Le premier est posé par la question révolutionnaire, dont la solution, si on ne l'anéantit point, aboutit au chaos.

Le deuxième résulte du fait de 1830, qu'on veut élever à la hauteur du droit.

Pour ce qui est de ce dernier, on doit tenir compte de ses conséquences seulement. Le poser en principe, jamais; ce serait un élément permanent de dissolution sociale.

Les conséquences seront d'autant plus faciles à admettre qu'elles auront pour base une politique qui met en oubli « toutes les « divisions, toutes les récriminations, toutes les oppositions pas- « sées; une politique qui veut pour tout le monde un avenir où « tout honnête homme se sente en pleine possession de sa dignité « personnelle; une politique qui ralliera autour du prince toutes « les capacités, tous les talents, toutes les gloires, tous les « hommes qui, par leurs services, ont mérité la reconnaissance « du pays. » (Lettre du comte de Chambord à M. Berryer. Venise, 23 janvier 1851.)

Quant au fait en lui-même, sa valeur se détermine nettement. Un accident révolutionnaire l'a fait naître, un autre accident révolutionnaire l'a anéanti.

Le problème révolutionnaire est bien autrement ardu; il s'attache au cœur de la société. Les socialistes voulaient abolir la famille et la propriété. Tout ce qui tient à la famille était écrit dans la nature avant qu'il le fût dans la loi : voilà pourquoi, du côté de la famille, ils ont fait fausse route; pourquoi le peuple ne les a pas suivis. Mais le droit de propriété prête mieux le flanc à leurs attaques, car ce droit est dans la prescription, et il n'est que là; il n'est pas du tout dans la nature : aussi le peuple séduit n'a-t-il point complétement fermé l'oreille à leurs discours.

Un socialiste se trouve en présence d'un fermier mécontent et lui dit : « Tu cultives cette terre depuis trente ans de père en « fils, et depuis trente ans tu payes un fermage; tu as payé plus « que la valeur de la terre, la terre t'appartient, et le socialisme, « en arrivant au pouvoir, te fera justice... » Avec les enseignements de la révolution, le fermier n'a aucun motif de repousser cette espérance. Si le socialiste demande au fermier sa voix, et que le fermier la lui donne, personne n'est autorisé à venir dire au fermier : *Tu as mal fait...*, car, en interrompant la prescription dans le chef de la nation, vous l'avez interrompue dans la nation elle-même ; et maintenant que LE DROIT est absent, que son drapeau ne flotte plus au sommet de l'édifice, vous ne pouvez pas l'invoquer.

Pourtant, quoi qu'il arrive, ce sera toujours dans cette invocation du droit que résidera le salut de la France. Seigneur, sauvez le roi. *Domine, salvum fac regem.*

Tel était notre langage en 1851.

Si les principes qu'il consacre avaient été respectés, l'orgueil national, légitimement fondé sur notre histoire, ne subirait pas aujourd'hui l'humiliation la plus profonde qu'un grand peuple ait jamais éprouvée.

La France passant sous les fourches caudines de la Prusse !!!...

Quand les Samnites firent passer les Romains sous le joug, qu'étaient les Romains ? Une peuplade.

Quand les Prussiens ont envahi la France, le monde entier ne venait-il pas de s'incliner devant son dominateur ?...

Mais, courage ! épuisement de finances, diminution de territoire, ce sont là des incidents passagers ; les principes de notre grandeur restent à jamais pour servir de base à des prospérités nouvelles.

Que ceux-là donc qui ont quelque souci du *droit*, de l'*honnêteté* et de la *grandeur morale* de la nation ouvrent l'oreille à cette voix auguste, écho de nos grands siècles, qui se faisait entendre à Chambord le 5 juillet dernier.

Français,

Je suis au milieu de vous.

Vous m'avez ouvert les portes de la France, et je n'ai pu me refuser le bonheur de revoir ma patrie.

Mais je ne veux pas donner, par ma présence prolongée, de nouveaux prétextes à l'agitation des esprits, si troublés en ce moment.

Je quitte donc ce Chambord que vous m'avez donné, et dont

j'ai porté le nom avec fierté, depuis quarante ans, sur les che-
mins de l'exil.

En m'éloignant, je tiens à vous le dire, je ne me sépare pas
de vous, la France sait que je lui appartiens.

Je ne puis oublier que le droit monarchique est le patrimoine
de la nation, ni décliner les devoirs qu'il impose envers elle.

Ces devoirs, je les remplirai, croyez-en ma parole d'honnête
homme et de roi.

Dieu aidant, nous fonderons ensemble et quand vous le voudrez, sur les larges assises de la décentralisation administrative
et des franchises locales, un gouvernement conforme aux besoins
réels du pays.

Nous donnerons pour garantie à ces libertés publiques aux-
quelles tout peuple chrétien a droit, le suffrage universel hon-
nêtement pratiqué et le contrôle des deux chambres, et nous
reprendrons, en lui restituant son caractère véritable, le mouvement national de la fin du dernier siècle.

Une minorité révoltée contre les vœux du pays en a fait le
point de départ d'une période de démoralisation par le mensonge
et de désorganisation par la violence. Ses criminels attentats
ont imposé la révolution à une nation qui ne demandait que des
réformes, et l'ont dès lors poussée vers l'abîme où hier elle eût
péri, sans l'héroïque effort de notre armée.

Ce sont les classes laborieuses, ces ouvriers des champs et des
villes, dont le sort a fait l'objet de mes plus vives préoccupations
et de mes plus chères études, qui ont le plus souffert de ce désordre social.

Mais la France, cruellement désabusée par ces désastres sans
exemple, comprendra qu'on ne revient pas à la vérité en chan-
chant d'erreur; qu'on n'échappe pas par des expédients à des
nécessités éternelles.

Elle m'appellera, et je viendrai à elle tout entier, avec mon
dévouement, mon principe et mon drapeau.

A l'occasion de ce drapeau, on a parlé de condition que je ne
dois pas subir.

Français,

Je suis prêt à tout pour aider mon pays à se relever de ses

ruines et à reprendre son rang dans le monde; le seul sacrifice que je ne puisse lui faire, c'est celui de mon honneur.

Je suis et veux être de mon temps; je rends un sincère hommage à toutes ses grandeurs, et quelle que fût la couleur du drapeau sous lequel marchaient nos soldats, j'ai admiré leur héroïsme et rendu grâces à Dieu de tout ce que leur bravoure ajoutait au trésor des gloires de la France.

Entre vous et moi, il ne doit subsister ni malentendu ni arrière-pensée.

*Non, je ne laisserai pas, parce que l'ignorance ou la crédulité auront parlé de priviléges, d'absolutisme et d'intolérance, que sais-je encore? de dîme, de droits féodaux, fantômes que la plus audacieuse mauvaise foi essaye de ressusciter à vos yeux; je ne laisserai pas arracher de mes mains l'étendard d'Henri IV, de François I*ᵉʳ* et de Jeanne d'Arc.*

C'est avec lui que s'est faite l'unité nationale; c'est avec lui que vos pères, conduits par les miens, ont conquis cette Alsace et cette Lorraine dont la fidélité sera la consolation de nos malheurs.

Il a vaincu la barbarie sur cette terre d'Afrique témoin des premiers faits d'armes des princes de ma famille; c'est lui qui vaincra la barbarie nouvelle dont le monde est menacé.

Je le confierai sans crainte à la vaillance de notre armée; il n'a jamais suivi, elle le sait, que le chemin de l'honneur.

Je l'ai reçu comme un dépôt sacré du vieux roi mon aïeul, mourant en exil; il a toujours été pour moi inséparable du souvenir de la patrie absente; il a flotté sur mon berceau, je veux qu'il ombrage ma tombe.

Dans les plis glorieux de cet étendard sans tache, je vous apporterai l'ordre et la liberté.

Français,

Henri V ne peut abandonner le drapeau blanc d'Henri IV.

HENRI.

Chambord, 5 juillet 1871.

PROTESTATION.

La persistance des efforts qui s'attache à dénaturer mes paroles, mes sentiments et mes actes m'oblige à une protestation que la loyauté commande et que l'honneur m'impose.

On s'étonne de m'avoir vu m'éloigner de Chambord, alors qu'il m'eût été si doux d'y prolonger mon séjour, et l'on attribue ma résolution à une secrète pensée d'abdication.

Je n'ai pas à justifier la voie que je me suis tracée. Je plains ceux qui ne m'ont pas compris ; mais toutes les espérances basées sur l'oubli de mes devoirs sont vaines.

Je n'abdiquerai jamais.

Je ne laisserai pas porter atteinte, après l'avoir conservé intact pendant quarante années, au principe monarchique, patrimoine de la France, dernier espoir de sa grandeur et de ses libertés.

Le césarisme et l'anarchie nous menacent encore, parce que l'on cherche dans des questions de personnes le salut du pays, au lieu de le chercher dans les principes.

L'erreur de notre époque est de compter sur les expédients de la politique pour échapper aux périls d'une crise sociale.

Et cependant, la France, au lendemain de nos désastres, en affirmant dans un admirable élan sa foi monarchique, a prouvé qu'elle ne voulait pas mourir.

Je ne devais pas, dit-on, demander à nos valeureux soldats de marcher sous un nouvel étendard.

Je n'arbore pas un nouveau drapeau, je maintiens celui de la France, et j'ai la fierté de croire qu'il rendrait à nos armées leur antique prestige.

Si le drapeau blanc a éprouvé des revers, il y a des humiliations qu'il n'a pas connues.

J'ai dit que j'étais la réforme ; on a feint de comprendre que j'étais la réaction.

Je n'ai pu assister aux épreuves de l'Église sans me souvenir des traditions de ma patrie (voir page 30). Ce langage a soulevé les plus aveugles passions.

Par mon inébranlable fidélité à ma foi et à mon drapeau, c'est

*l'honneur même de la France et son glorieux passé que je dé-
fends, c'est son avenir que je prépare.*

*Chaque heure perdue à la recherche de combinaisons stériles
profite à tous ceux qui triomphent de nos abaissements.*

*En dehors du principe national de l'hérédité monarchique sans
lequel je ne suis rien, avec lequel je puis tout, où seront nos
alliances? Qui donnera une forte organisation à notre armée?
Qui rendra à notre diplomatie son autorité? à la France son
crédit et son rang?*

*Qui assurera aux classes laborieuses le bienfait de la paix, à
l'ouvrier la dignité de sa vie, les fruits de son travail, la sécurité
de sa vieillesse?*

*Je l'ai répété souvent, je suis prêt à tous les sacrifices compa-
tibles avec l'honneur, à toutes les concessions qui ne seraient pas
des actes de faiblesse.*

*Dieu m'en est témoin, je n'ai qu'une passion au cœur, le
bonheur de la France; je n'ai qu'une ambition, avoir ma part
dans l'œuvre de reconstitution qui ne peut être l'œuvre exclusive
d'un parti, mais qui réclame le loyal concours de tous les dé-
vouements.*

*Rien n'ébranlera mes résolutions, rien ne lassera ma patience,
et personne, sous aucun prétexte, n'obtiendra de moi que je consente à devenir le roi légitime de la révolution.*

HENRI.

25 janvier 1872.

———∞———

Extrait de l'UNION du 30 janvier 1872.

LA DÉCLARATION DU ROI.

Le respect nous a interdit de prononcer un mot de commentaire, et même d'admiration, sur l'ACTE ROYAL qu'on a lu hier en
tête de *l'Union.*

Cet Acte tombe de l'exil de la façon la plus opportune pour
nous trouver au milieu d'une fermentation de desseins et de vœux
contraires, d'opinions troublées, de manéges timides, d'alarmes

publiques ou secrètes, travail stérile où la conscience perd sa lumière, et le caractère national sa dignité.

Nous avions besoin de sortir de cette situation, ou nous allions finir par ne plus savoir ce qu'est le devoir.

La voix royale sera venue mettre fin à un état de trouble, de torpeur, fatal au pays.

Un merveilleux contraste depuis vingt-cinq ans aura été de voir, en regard de ce conflit d'opinions clandestines et de trames mal avouées, la décision de volonté, la droiture d'âme, l'unité de méditation dans la longue suite de déclarations venues du fond de l'exil le plus glorieux qui se soit vu dans l'histoire.

La dernière manifestation royale, où se résument toutes les questions de l'heure présente — la liberté politique, les alliances, l'armée, l'Eglise, les ouvriers, — cette manifestation est comme renfermée entre deux termes éclatants :

« JE N'ABDIQUERAI JAMAIS !

« JE NE SERAI PAS LE ROI LÉGITIME DE LA RÉVOLUTION ! »

Il y a des temps où un prince inégal à sa destinée peut abdiquer son droit ; il n'y en a pas où un prince armé de force contre le malheur puisse abdiquer son devoir.

Le devoir pour le prince est comme la croix pour le chrétien.

Voilà le sens de ce grand mot : *Je n'abdiquerai jamais !* Voilà la réponse aux politiques qui avaient compté sur la lâcheté comme sur un expédient.

Il paraît aussi qu'un calcul d'habileté reposait sur des connivences que quelques-uns comptaient imposer au roi de France. Et quelle réponse encore !

« Personne, sous aucun prétexte, n'obtiendra de moi que je consente à devenir le roi légitime de la révolution ! »

Tout est là, disons-nous.

Et qu'on n'imagine pas que nous soyons tentés de donner à la parole d'Henri V un sens outré qu'il ne lui donne pas lui-même. Il y a dans ce mot de RÉVOLUTION une signification double, que la raison du noble prince entend et distingue très-bien, selon que la RÉVOLUTION veut être une puissance satanique de subversion universelle, ou bien n'être qu'une transformation régulière et pacifique, déduite du cours naturel des temps et de la nouveauté des besoins.

Monsieur le comte de Chambord est un grand esprit ; il connaît son temps, et il sait ce qu'a été l'histoire de la patrie depuis quinze cents ans ; le monde ne s'arrête pas, il se transforme, et, à ce point de vue, la révolution y est permanente, mais c'est la révolution de l'ordre sous la main de Dieu.

Ce n'est pas ce qu'entendent les docteurs et les maîtres de la révolution qu'on appelle moderne, pour la distinguer apparemment de la révolution qu'il faut appeler DIVINE, parce qu'elle est la loi de la perpétuité dans la mobilité même des choses.

La révolution que quelques-uns ont voulu imposer au roi de France est cette révolution qui suspend la marche du monde et qui l'arrête dans les abîmes; révolution qui ne se manifeste pas toujours, peut-être, par des violences et des exterminations, mais qui toujours absout les crimes par la complicité de ses enseignements et de ses doctrines.

Voilà la révolution dont M. le comte de Chambord ne sera jamais, il le déclare, LE ROI LÉGITIME !

Quoi de plus?

Nous avons toute la politique du roi de France; c'est la politique d'un État chrétien, seule politique qui puisse nous replacer au rang des grands peuples et nous rendre notre autorité perdue, dans la conduite de l'Europe et du monde.

LAURENTIE.

Lettre de M. le comte de Chambord au pape Pie IX, à l'occasion du retrait des troupes françaises de Rome le 15 décembre 1866.

Très-Saint Père,

Au moment où les ennemis de l'Église s'acharnent plus que jamais contre le trône auguste de Votre Sainteté, celui qui dans son exil et dans ses longues épreuves s'est toujours honoré avant tout du glorieux titre de Fils aîné de l'Église éprouve le besoin de redire à Votre Sainteté qu'il a été, qu'il est, qu'il sera jusqu'à la mort, de cœur et d'âme, avec Elle. Si je n'ai pas couru depuis longtemps pour offrir au digne successeur du prince des apôtres, au représentant de Notre-Seigneur Jésus-Christ sur la terre, les services de mon bras et de ma vie, c'est que je craignais d'ajouter encore par ma présence aux difficultés de sa position. Mais à un appel, à un signe venu de Lui, je serai trop heureux de voler à ses pieds pour aider, dans la faible mesure de mes forces, à la défense de ce père chéri et respecté. Mon neveu le duc de Parme, élevé par ma sœur d'abord, et ensuite par moi dans les mêmes principes, partage tous mes désirs et tous mes sentiments. Que Votre Sainteté dispose de nous en tout temps et en toute circonstance. Elle nous trouvera prêts à lui prouver que, dans ce siècle d'abaissement et de tristes défaillances, il y a encore des princes fermement attachés à cette pierre contre laquelle viendront à la fin se briser tous les efforts de la révolution jusqu'ici triomphante. Que Votre Sainteté reçoive ici l'expression bien sincère de mon admiration pour son courage et ses vertus apostoliques, en même temps que le nouvel hommage de tous les sentiments de respect et de dévouement filial avec lesquels je suis,

Très-Saint Père,

de Votre Sainteté,

le dévot fils,

HENRI.

Frohsdorf, le 12 décembre 1866.

Après avoir lu ces manifestes et ces lettres royales, une exclamation doit nous être permise.

Quelle belle âme, quelle sérénité d'esprit, quel grand cœur de roi, d'honnête homme, de chrétien la Providence nous a conservé, pour le salut de la patrie! Solidité de jugement; fermeté de principes; force et puissance de caractère; la pensée, le dessein, l'acte toujours augustes et rappelant le génie de nos plus grands rois.

COMMENTAIRE

DU MANIFESTE DE CHAMBORD.

TABLEAU DE LA FRANCE ET DE SON AGRANDISSEMENT SOUS LE DROIT MONARCHIQUE

DE L'AN 900 A L'AN 1830 : DE HUGUES-CAPET A CHARLES X.

900	1000	1100	1200	1300	1400	1500	1600	1700	1800
Loiret. Seine. Seine-et-Mar. Oise. S.-et-Oise } 937		Pas-de Calais. 1180	Indre-et-Loir. 1203 Calvados M.-et-Loire Manche. Mayenne. Sarthe. Seine-Inf } 1204 Deux-Sèvres. Vendée. Vienne. } 1205 Ardèche. Aude. Gard. Haute-Garon. Haute-Loire. } 1271 Hérault Lozère. Tarn. T.-et-Gar Ardennes Aube. Marne. } 1284	Creuse. 1309 H.-Alpes. Drôme. Isère. } 1343 Corrèze. Haut.-Vienne } 1358 Charente. 1372 Loire-et-Cher 1391	Deux-Sèrres 1432 Manche. 1450 Landes. Gironde. Lot. Lot-et-G. Somme. } 1453 Aisne. Somme } 1463 Seine-Inf. 1469 Côte-d'Or. Saône-et-L. Yonne. } 1477 B.-Alpes. B.-du-Rhône Vaucluse. } 1481 Sarthe. 1482	Côtes-du-Nord Finistère. Ille-et-Vilain Loire-Inf. Morbihan } 1514 Loire. Puy-de-Dôme Rhône. } 1522 Creuse. 1525 Eure-et-Loir. Orne. } 1526 Allier. 1531 Indre-et-Loire 1583 Eure. Mayenne. } 1584 Ariège. Aveyron. Dordogne Gers. Pyrénées } 1589	Ain. Cher. Indre. Loiret. } 1601 Cantal. 1610 Py.-én-Or'ent. 1642 Rhin. 1648 Nièvre. 1665 Nord. 1668 Doubs. Jura. Pas-de-Calais Hte-Saône } 1678	Meurthe. Meuse. Moselle. Vosges. } 1766 Corse. 1766	Algérie. 1830

Résumé. Avec le droit monarchique le domaine royal s'est agrandi depuis l'Ile de France, sous Hugues-Capet, jusqu'à l'ALGÉRIE, sous Charles X.

Ce domaine constitue plus de 85 départements de la France actuelle.

La 1re *république* y a ajouté la moitié du Vaucluse, et le 2e *empire* la Savoie, la Haute-Savoie et une partie des Alpes-Maritimes, lui faisant ensuite, avec le concours de la 3e *république* présente, perdre l'ALSACE et la LORRAINE.

Derniers budgets.

Restauration.....	1,015 millions fr.
Gouv. de Juillet..	1,446 idem.
Républiq. de 1848.	1,572 idem.
Deuxième empire.	1,772 idem.
Républ. présente.	Pour mémoire.